日々、
まめ
まめしく。

塩山奈央

風土社
チルチンびとの本 ❹

はじめまして

塩山奈央と申します

目次

はじめに

どんな暮らしをしていたっていいと思う。
それが、自分にとって満足のいくものなら。
もし、今の暮らしに満足していないのなら、
自分の心が変われぱいい。
心が変われば自然とすべてが変わるから。

暮らしは、自分そのもの。

自分の心に忠実に。
嫌なことは少しずつ減らしながら、
いいところを増やす努力は惜しみなく。
まさに「日々、まめまめしく」。

そこにはきっと、心地好い自分の住処が
あるはずだから。

自分のまわりに
愛着のあるものが増えるほど、
しあわせも増えてゆくような
気がする。

土地に合わない植物は
すうっと消えてしまう。
我が家で生きるかどうかは
植物まかせにすることに決めた。

少しずつ暮らしが
シンプルになり、
ひとつずつ暮らしの
手づくりが増えていく。

台所が好きだ。
というよりも、
台所に住んでいる
という気がする。

1

豆時間

コトコトと、豆を煮る時間。鍋の中、ひと晩かけてたっぷりと水を含んだふくふくの豆が煮えていく。カチコチの豆がゆっくりと「食べもの」になってゆくその過程がとても好きだ。

暮らすことと仕事の狭間で揺らいでいた頃、私は豆に出会った。その小さなひと粒は、今の私をつくりあげた「きっかけの粒」。その色、形、たくさんの種類の豆たちはどれも個性的で美しく、瓶に詰められて並んでいるその姿を見ているだけでも心穏やかになる。豆と共に暮らすことで生まれる心の余裕に気がついた時、自分の生き方の速度を見つめ直した。

豆の時間と自分の時間が調和した時の穏やかな感覚。そんな時間の流れを「豆時間」と呼んでいる。それは小さな平和の時間。日々の暮らしの中、たくさんの豆時間を感じるしあわせを伝えていきたい。

味噌づくりの季節になると、毎年我が家にやって来るのは、おばあちゃんの豆時間と共に成長した大豆たち。黄大豆、茶豆、黒豆、青大豆……島根に住む祖母が自家用として毎年種を取り、その命をつなげ続けているもの。まめな祖母は、ついたくさんの種類の大豆をつくってしまうようだ。おかげで我が家でつくる味噌の大豆の配合は、その年に届いた種類で決まることになる。今年は何が一番多いかなと楽しみにしながら、

うずら豆と鶏レバーのパテ

味噌壺に移した手前味噌

鞍掛豆の酢漬け

これらの豆料理
つくり方・P106〜

お豆の到着を心待ちにしている。

うずら豆と白いんげん豆もまた、祖母から届くお豆たち。思い入れのある素材を前にすると、新たなレシピづくりに挑戦したくなり、ひとつ、ふたつとレシピが増えてゆく。うずら豆と鶏レバーのパテも、豆ジャムもおばあちゃんのお豆から生まれたレシピ。どこでも買えないおばあちゃんのお豆たちは、形も不揃いで、煮えむらもあったりするけれど、とても愛おしく、いかに美味しく食べてあげようかと、豆料理づくりにも力が入る。

旅をした時におすすめなのが、道の駅などで地元の豆を探すこと。何かしらの豆が必ず見つかるはず。見たこともないようなものは店の人に聞いてみる。意外な食べ方を教えてくれるかもしれない。豆探しを旅の楽しみのひとつにしてみては。

豆ジャム／豆ジャムブラウニー
つくり方・P108

 まめちしき • 黄大豆 味噌や納豆に使われる日本の大切な豆。国産大豆をたくさん食べよう。

2

梅かみさま

今年も、梅の季節がやってきた。6月になると、心わくわく胸躍る。あの甘酸っぱい、鼻をくすぐるような香りを思うだけで、何とも嬉しい気持ちになる。

梅干しを漬けはじめて今年で数年が経ったけれど、もともと梅干しをそれほど好きなわけではなかった。梅干しに目覚めたのは、疲れてやる気の出なかった日のこと。無性に梅干しが食べたくなり、ひと粒ぱくりと食べてみた。しばらくして、何だかやけに元気が出ていることに気づいたのだ。果たしてそれが、梅干しのおかげであったのかどうかは定かでないものの、疲れた身体は梅干しにより回復したのだ、と信じきったた私は「梅かみさま」のような思いで、梅干しづくりをはじめたのだった。

梅の種類、加える赤紫蘇によっても、色も香りも全然違うものができあがる。毎年違うでき映えになる梅干しづくりは飽きることがないどころか、ますます研究したくなる。

近頃は、干さない梅干し（梅漬けになるのだろうか）も気楽でいいものだと思っている。以前に梅を干すタイミングを逃してしまい、秋になってしまったことがあった。まあ、仕方がないか……と、諦めつつ味見してみると、ジューシーで食べやすい梅干しになっていた。干していないので、塩分もほどほどに水分がたっぷり残ったようだった。失敗は成

夏を乗り切る
ために与えられた
天からの贈りもの。

功のもとって、ホントなんだ……と、感心までしてしまった。干す場所がないとか、大変そうとか思っている方は、ぜひ梅漬けに挑戦してみてほしい。8ヶ月も漬け込んでおけば、なかなか立派な梅干しができあがる。干すものと干さないものを両方つくって食べ比べしても、楽しいのではないかと思う。

　梅シロップやハチミツ漬けなども毎回仕込む。夏には梅ソーダばかり飲んでいるので、漬け上がるのが待てない時は、砂糖煮にしてしまう。

　あの爽やかでいて甘苦いような独特の風味は、夏を乗り切るために与えられた天からの贈りものかと思うほど。梅を褒めだすと、きりがない。日本の大切な季節の果実、梅。旬を目一杯楽しみながら、これからもあの手この手で美味しくいただきたいものである。

梅干し
つくり方・P109

梅酒

じゃがいもの梅びしお和え

梅びしお

梅シロップ

ハチミツ漬け梅シロップ（ソーダ割）

砂糖煮

これらの梅料理
つくり方・P109～

まめちしき・青大豆　きな粉や浸し豆などに使われる、香ばしい香りの大豆。

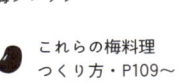

3

カオスレシピ

　時々、自分でも驚くほど美味しい料理をつくってしまうことがある。そんな時の料理は、たいてい何度かつくり直されたもので、すでに一体何が入っているのかわからなくなっていることも多々ある。たびたび登場するそんな料理を、我が家では「カオス（混沌）」と呼んでいる。

　イベントなどで料理を大量につくることも多いせいか、どうも少量をつくることが苦手である。特にスープや煮込み料理などは、実際に大量に仕込んだほうが美味しいこともあり、気がつくと十人分はあろうかという量をつくっていることもしばしば。食べきれなかったものは、必然的にカオスなレシピになってゆく。続けて同じ味を食べるよりも楽しいし、何よりさらに美味しくなるのだからやめられない。

　例えばスープは、夜のうちに大豆などの乾燥豆を入れてスープの中で戻してしまう。翌日、豆が煮えるほど火を通せば、豆の出汁もたっぷり入った豆野菜スープになるし、肉などを加えてシチュー風にしてもよい。さらに煮詰めて残りご飯と混ぜて、チーズをのせてドリア風にしたり、卵を加えてパイ生地を敷いた型に流し込みキッシュを焼いたりと、カオスレシピを考えるときりがない。

　我が家の「残りもの」は、「ごちそうの素」。そんな風に料理を考えるのも、楽しいものである。

我が家の
残りものは
ごちそうの素。

じっくり煮込んだ
「鶏手羽とネギの煮込み」。

つくり方・P111

鶏手羽のカオス

鶏手羽をよく使う。手羽には、手羽元、手羽中、手羽先の3種類があるけれど、すべてを混ぜ合せて使うことが多い。手羽元からはいい出汁が出るし、手羽先のほうがコラーゲンは豊富で手羽中は肉質も好み。そして何より安上がりなのがいい。

これでもかというほどの量の長ネギを刻み、手羽と日本酒、少量の塩

具の鶏とネギは塩とゴマ油や
ポン酢でさっぱりと。

残り汁に千切り野菜、
ニンニク、生姜を加えて
ラーメンスープに。

香味野菜やベーコン、
トマト缶などを足せば
洋風に。

のみでコトコトと、ひたすら煮込む。できあがったスープの絶品なことといったらない。ラーメンはそれほど好んで食べないが、このスープでつくった自家製ラーメンは本当に美味しい。少量でつくってもその味にはならないので、大量につくることになるが、もとがシンプルな料理なので、いろいろと応用がきく。シンプルなものは、懐が深いなあ……と料理を前に思ったりする。

さらに煮詰めて
冷ましたものに
卵やチーズを加え、
キッシュに。

あさりのカオス

あさりの美味しい時期になると、あさりとポークの蒸し煮をよくつくる。この組み合わせは、ポルトガル料理でよく使われる組み合わせで、とても美味しい。大量につくったほうが美味しいタイプのものとはちょ

←

カオスのはじまり
「あさりとポークの蒸し煮」。
スープは多めに残したい。

つくり方・P112

っと違うけれど、その後のカオスが食べたくて、いつも多めにつくってしまう。この出汁で炊いたご飯は絶品なのだ。炊きあがりの香ばしい香りを思っただけでお腹が減ってくる。

旨味のある素材からでたスープは、いろいろ利用してみると思いがけず美味しい味に出会える。たとえば魚のあら煮の汁なども、煮こごりを温かなご飯にのせて食べたり、炒めものの味つけに使ったりしても面白い。もし、いつも捨ててしまっているような旨味のきいたスープがあれば、ぜひ見直してみてほしい。

トマトやピーマンを器にして
粒マスタードとチーズの上に
ピラフを詰め、オーブン焼きに。

残った具を細かく刻み、
エビなどを加えて、
スープ＋水で炊いてピラフに。

まめちしき●茶豆　あまり見かけないけれど、ねっとり甘みのある美味しい大豆。

4

チャパティ

チャパティを頻繁に焼くようになったのは、引っ越しを機に大好きだったパン屋さんから離れ、近くにお気に入りのパン屋さんが見つからないという理由からだった。美味しいパンがないのなら、代わりになるものをつくればいいのか……と。

そもそもチャパティとは、全粒粉と水と塩だけでつくる、インドの無発酵の平たいパンのようなものだが、我が家では酵母液を加えて捏ね、少しだけ発酵させてつくっている。このつくり方は、その昔、友人から教えてもらった方法でもある。

一時期、天然酵母パンを焼いていたこともあったけれど、大変さに負けてつくるのをやめてしまった。何事も無理をしないのが一番。それが長続きの秘訣なのかと思う。どんなにやりたいことでもあっても、時に向いていないと諦めたほうがいいこともある。そういうわけで、我が家の酵母液は、パンを焼くためのものではなく、もっぱらチャパティ専用となっている。

チャパティは、まとめて焼いて冷凍保存しておくと何かと便利に使える。凍ったまま具をのせてトースターで焼けば簡単ピザができるし、直火で炙れば香ばしく、蒸せばもっちりとした食感になる。

その場しのぎではじまったチャパティづくりだったけれど、今やすっかり我が家の定番になっている。

美味しいパンが
ないならつくれば
いいのか、と。

天然酵母チャパティ
つくり方・P112

右上から時計回りに、チーズ・ドライフルーツ・ナッツのピザ、チーズとじゃがいものピザ、ブリーチーズのシンプルピザ、チョコバナナのデザートピザ、スープに浸して食べる、薄切り野菜ピザ。

初めて酵母を手にしたのは、友人から分けてもらった全粒粉の酵母だった。今は2種類。継ぎ足しながら使い続けている全粒粉の酵母と、玄米を発芽させてつくった発芽玄米酵母。全粒粉のほうは、もう10年くらい継ぎ足していると思う。冷蔵庫に入れておけば、冬眠してくれるので、そのままでも使える。数ヶ月放っておいても大丈夫。そのまま使えるが、糖分を加えたりして起こして使用する。小さな泡がプクプクと現れたら上手に起きた証拠だ。

発芽玄米酵母
つくり方・P113

まめちしき●黒豆　お節の煮豆は「年中まめに暮らせるように」と無病息災を祈るもの。

5

消えては生まれる調味料

冷蔵庫の中に絶対あった市販品の調味料が、いつの頃からかなくなった。特に意識をしていたわけではないのだけれど、手づくりしているうちにひとつ、またひとつと減っていったように思う。手づくりしたほうが何かと使い勝手がよく、何よりも安心で美味しい。もとになる醤油や味醂にいいものを使っているのだから、不味くなるわけもないのだが、手づくりするということは、すべて自分のお気に入りの素材でつくることができる、ということでもある。

手づくり調味料の新しいレシピを考え、素材の組み合わせや配合を試作する時は、どこか実験に似ていて楽しいものだ。スーパーに行って何社かのメーカーの原材料を観察することもある。原材料は多く使われている順に書いてあるので、だいたいの配合イメージがわく。原材料を見ることは、レストランのメニューを見るのと同じくらい楽しい。

我が家の基本の調味料はけっこう贅沢なほうだと思う。一つひとつ吟味して、自分の好きな味に近づけるための調味料を選んできた。普通のスーパーではあまり見かけないようなものも多い。皆におすすめできることではないかもしれないけれど、自分が大切に思っている分野には贅沢をするべきだと思う。何でもかんでもいいものをとは思わないが、自分の価値観は大切にしたいものである。

いつの頃からか
冷蔵庫の市販品が
なくなった。

焼きなすの梅びしおマリネ
つくり方・P114

キムチも手づくりすれば、自分好みの配合を見つけられ、家庭の味に。

手づくり調味料の使い勝手のよさ、例えばマヨネーズ。もともと味の濃い素材とマヨネーズを混ぜ合わせたいとする。市販品はそれだけで濃い味がついているので、濃いもの同士を混ぜ合わせては料理が台なしになってしまう。手づくりならば塩を抜いてつくれるので「ベース」としてとても役に立つ。塩抜きマヨネーズを普通のマヨネーズのように使いたい時は、塩とハチミツなどを加えて味をととのえればよい。

かえしにしても、少なくなってきたらどんどん瓶に継ぎ足してしまう。時を追うごとに昆布やら鰹節から旨味がとろりとにじみ出てきて、ゆっくりとたまらない美味しさに変化してゆく。それは市販品のような安定した味ではないけれど、家庭でしか味わえない、とても贅沢なもののように思う。

右列上から、かえし、梅びしお、マヨネーズ、ネギ油、パプリカペースト。

これらの調味料
つくり方・P109とP114～

切らすことない我が家のお気に入りの調味料。いろいろ使って今は落ち着いているけれど、またいいものを見つけたらどんどん増えてゆくのだと思う。

まめちしき・鞍掛豆　青大豆の一種。馬に鞍を掛けた模様に見えることからついた名前。

6

お茶の風景

キンと冷たい空気の張りつめた冬の朝、台所に立って温かいチャイを淹れる。生姜をたっぷり刻んで、スパイス、水と共に火にかければ、次第に部屋中が香辛料の香りでいっぱいになり、しあわせな気分になる。

心がざわついているような時、ゆっくりと珈琲を淹れる。ポタポタと落ちる珈琲のしずくを見つめ、ふわっと香ばしい香りが立ち上れば、自然と心が落ち着いてゆく。

土瓶で煮出す野草茶は、1年を通してよく飲む我が家の定番。島根産の数種類の野草ミックスに、自家製のヨモギやドクダミのお茶、その時々に仕入れた茶葉などをブレンドしている。それらを土瓶に入れ、水を注いで火にかける。土瓶の中でゆらゆらと揺れる茶葉から、何ともかぐわしい香りが漂ってくる。

お茶には、いろんな風景がある。1日をはじめる時、気分を入れかえたい時、お客さんをもてなす時……その時々の雰囲気や気分を感じながら、じっくりとお茶に向かい合う。

暮らしの中のほんの小さなひと時、お茶を淹れるという行為が心に素敵な刺激を与えてくれる。お茶の愉しみとは、実は飲むことよりもその過程に多く潜んでいるのだろう。

誰かのために、自分のために、ゆっくりとていねいに。いつだっておお茶を愉しむ余裕を持っていたい。それは、とてもしあわせなことだから。

日が経つと色が変化するヨモギ茶。自然の色は本当に美しい。

ヨモギのお茶との初めての出会いは、屋久島の無人市だった。乾かしただけのヨモギが袋に詰められて、置いてあった。試しに購入して東京に持ち帰り、荷をといた時の鮮烈な香りは忘れられない。屋久島の力強さそのままの、あまりに青々しい香りが部屋を満たした。それ以来、ヨモギのお茶がお気に入りになった。

5月、祖父母のいる島根へ行く時は、必ずヨモギを大量に摘んでくる。乾かしただけのヨモギを煮出すと、何とも爽やかな味わいがする。それも、初夏までの楽しみ。真夏になる前には、残ったものを焙じておかないといけない。一度、大量に虫がわき、泣く泣く処分したことがあった。焙じるとヨモギの風味は変わってしまうが、それはそれで楽しむことにしている。

カモミールティー（P37）、野草茶、チャイ、ミント水
つくり方・P116〜

まめちしき・白インゲン豆（大手亡） 値段も手頃、小ぶりで使いやすい。白あんの原料にもなる。

7

しあわせ色

しあわせの色ってどんな色？　と聞かれたら、真っ先に思い浮かぶのは自家製ジャムの色。果物の瑞々しさが残るような、煮詰めすぎないゆるめのジャム。イチゴ、ミカン、キウイ、いちじく……その時々の季節の恵みを閉じ込めた、やさしい色合いの瓶詰めを見ていると、ほんわかしあわせな気分になる。ジャムを好んで食べるほうではないのだけれど、しあわせ色ができあがると嬉しくて、何度だってつくりたくなる。おかげで我が家の冷蔵庫には、たいてい、ジャムの瓶が並んでいる。

ジャムづくりの過程もまた楽しく、旬の果物が持つ鮮やかな色と香りは、明るい気分にさせてくれる。その爽やかな香りは砂糖と合わせて煮詰めることでとろんと甘い香りに変化し、果物の水分が甘い水蒸気となって部屋中を満たしてゆく。ふんわりとやわらかな気分で心も満ちる。

ジャムって、何とも前向きな食べものだと思う。鬱々とした気分の時にはジャムを煮てみるといい。できあがる頃には、きっと気分も晴れやかになっているに違いないから。

ところで、しあわせ色に仕上げるためのコツを少し。酸味のない果物にはレモン汁などを補充してあげること。枯れた色合いになってしまうので、決して煮詰めすぎないこと。市販品では味わえないようなしあわせ色のジャムづくり、ぜひお試しを。

鬱々とした
気分の時には
ジャムを煮るといい。

冷蔵庫にため込んだジャム、さすがにどうしよう……という時、我が家ではお菓子づくりに使ってしまう。自家製のジャムは「フルーツソース」だと考えると、思考が広がる。あるものを全部混ぜ合わせて使えば、それはもうカオス。予想以上に美味しいものができあがったりするものだから、お菓子づくりにおいても、カオスレシピは侮れない。

フルーツチーズタルトのつくり方を簡単に説明すると、ヨーグルトやクリームチーズ、生クリームなどとジャムをしっかり混ぜ合わせて味見する。美味しい味になっていたら卵を1個加え、パイ生地を敷いた型に流し込んで低めの温度でじっくり焼くだけ。乳製品とジャムの相性がよいということを覚えておけば、いろいろと応用できる。

いちじくジャム
つくり方・P117

左から、いちじく、キウイ、夏みかん。それぞれの季節ごとに仕込むジャム。愛らしい色合いに嬉しくなる。

小さな瓶は古道具屋で見つけた瓶ジュース入れに収納。さて、どれを使おうか。

まめちしき・パンダ豆　インゲン豆の一種でシャチ豆とも呼ばれる。ホクホクと美味。

8

器マニア

器ことはじめは湯のみだった。行きつけのギャラリーに通いはじめた頃は経済力も、ものを見る目もそれほどなかったように思う。店に足を運ぶごとに一番買いやすい湯のみをひとつ、一生懸命選んでいた。

湯のみの数もほどほどにたまりだすと、茶碗へと目が移り、小ぶりな平皿から中皿、大皿と少しずつ大きなものへと手を出していった。小さなものしか買わなかった自分が、大きなものに手を出すようになるとは、その頃は考えてもいなかった……というよりは、こんなにもたくさんの器と暮らすようになるとは思っていなかった。

「器」がとても好きだ。昔から興味のあるものだったけれど、小さな暮らしの中ではそんなにたくさん必要なものではないし、購入を我慢していたこともあった。暮らしの提案や料理教室、イベントを行うようになってからは、何かと理由をつけて器を買うようになった。これはあの撮影で使えそうとか、イベントの時に活躍しそうとか、あの料理によく似合うだろうなとか、器を買う言い訳ならいくらでも出てくる。

正直に言えば、もういらないくらいの量のものを持っているけれど、お気に入りの作家さんの展示会などに足を運ぶと、ワクワクしながら器を選んでいる自分がいる。今日は買うまいと決め込んで行っても、やっ

少しずつ
大きなものへと
手を出していった。

ぱり魅力的なものに出会うとどうにもこうにも止められなくなる。私は器マニアなんだろう。最近は北欧のアンティークも気になりだす始末。このまま進んでいったら、そのうち店ができてしまうんじゃないかと思うほど。もしかしたらこの先、器を生かすために何かはじめてしまったりすることもあるのかもしれない。お気に入りの器を前に、嬉しいけれど困ったような複雑な気持ちが芽生えることもある。

とはいえ、今はたくさんの器を前に、日々、選べる楽しさを思う存分味わっている。それは洋服や靴を選ぶのにも似ている嬉しさかと思う。この料理を今日はどの器に盛ろうかな……なんて考えながら料理をつくるのは楽しいものだし、毎日の食事が器ひとつで盛り上がることもある。器に感謝の日々なのだ。

仕事の途中、スタッフさんたちと囲んだ、ある暑い日のまかない料理。つくり置きのかえしに練りゴマを加えてゴマつゆに。長引く撮影など、仕事の後のまかないは"ほっと一息"のとても大切な時間だと思う。

陶芸家・市川孝さんの陶器いろいろ。左から、梅用の保存壺（見た瞬間に梅を入れたい！　と思った）、耐熱鍋（これで湯豆腐などをすると気分がよい）、醤油差し（象の鼻のような愛くるしい注ぎ口がたまらない）。

まめちしき●うずら豆　中南米原産。コクがあって美味。お肉と煮込んでもなかなか。

9

尊敬できる道具

食の世界への第一歩は〝お箸〟だった。「食べることとは生きること」なのだとしたら、食べものを口に運ぶお箸やカトラリーは「生きるための道具」になるのだろうか……。そんなことを考えながら、何となく食の仕事をしていこうと思いはじめた頃、自分のためのきちんとしたお箸を初めて手に入れた。食べものと体をつなげる大切な道具に粗末なものを使うのは、何だかとてもよくないことのように思えたのだ。そのお箸は竹でつくられたシンプルなものだったけれど凛とした美しさで、のちに私が削る竹箸の原点にもなった。

その後のカトラリー探しには、思えば相当な時間を費やした。インテリアショップに並ぶものは、工業製品の隙のないものばかりでどうしても好きになれなかったし、間に合わせで何か他のものを買うことも、絶対に嫌だった。

行きつけのギャラリーで、ステンレスの打ち出しのカトラリーに出会った時の嬉しさは忘れられない。本当にわくわくしながら、我が家に持ち帰るものたちを選んだ。それからというもの、お目当ての作家さんの展示には必ず足を運ぶようになった。作家ものは「一期一会」なのだ。

尊敬できるものたちと過ごすことで、暮らしの質は、グンとよくなる。私の暮らしは、そんなものたちに支えられてできているのだと思う。

私の暮らしは
そんなものたちに
支えられてできている。

数年前に祖父母のいる島根へ遊びに行った時、祖父に竹を伐り出してもらい、お箸を削った。やることもなく暇だったので、お箸でもつくってみるか……という軽い気持ちではじめたのだけれど、削るほどに夢中になり、滞在中ずっとお箸を削っていた。伐り出したばかりの竹は水分を含んでしっとりと瑞々しく、とても削りやすかった。青々しい竹の香りが心地好くて、ずっと触っていたいほどだった。全部で10膳ほどつくったお手製の竹箸。使い心地がよく、とても気に入っている。

左から、バターナイフとへら、つまようじ、お箸。竹を削って製作。

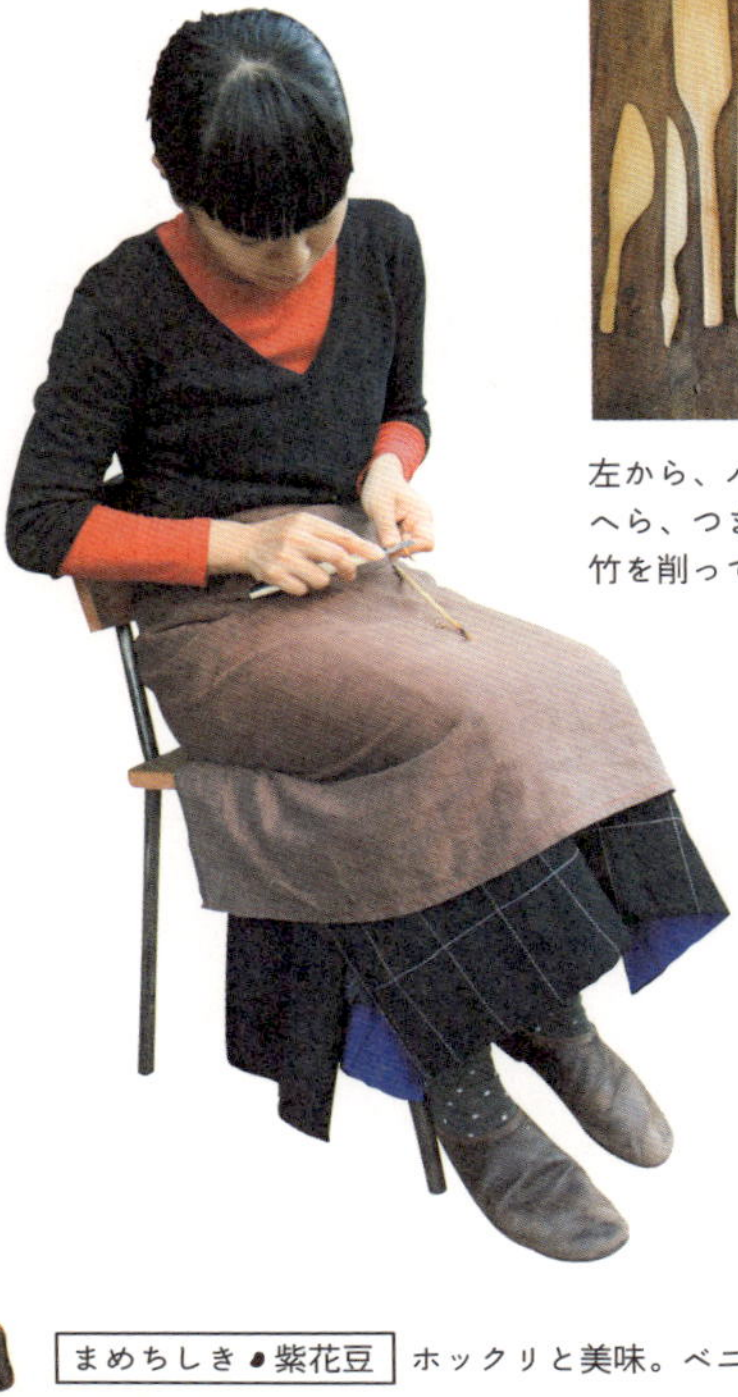

まめちしき●紫花豆　ホックリと美味。ベニバナインゲンの一種で、キレイな花が咲く。

10

台所と収納

　台所が好きだ。というよりも、台所に住んでいるという気がする。特に今の家は、台所と書斎スペースがつながっているので、一日中台所にいるようなものだ。

　引っ越しをすれば、一番に整える場所は台所。自分の使いやすいように、オーブンやトースターを配置する。数々の引っ越し先にあったキッチンの収納は、シンクとガス台の下くらいで、ものの置き場はほとんどなかった。ならば、とぶら下げだしたのが今の収納スタイルのはじまりだったように思う。

　最初はたいして意識していなかったのだけれど、さて、どこにどうぶら下げようかと考えはじめると、配置や掛け方にもこだわりが出はじめた。パタンナー時代の癖なのか、バランスを見ることには真剣になってしまう。数センチ単位で自分の美しいと思うバランスに並べたくなるのだ。どんどん増え続ける食器と共に、収納方法も変化してゆく。

　同居人に棚をつくってもらうこともある。自分の思うようなところにぴったりの棚ができあがると、とても嬉しい。納まるべきところにものが納まると、何とも晴れ晴れした気分になるものだ。

　最近、増え過ぎた器たちの置き場が広範囲になってきた。器を減らすべきか、新たな収納場所をつくるべきか、悩ましいところである。

中3の誕生日
買ってもらったのは
電気オーブン。

上から時計回りに、シンクの横の棚（早く使いきりたい少量の豆やよく使うスパイスなどを並べる）、ぶら下げ収納（収納場所がないため竹を１本通して、S字フックを掛けてぶら下げている）、カトラリーコーナー（空き缶などに入れている）、保存食置き場（友人から譲り受けた大きな棚）、古いガラスケース（ガラスもの専用になっている）

赤い土鍋

いろいろ使える薬さじ

包丁いろいろ

今も現役の
取っ手が壊れた銅鍋

食器以外の台所道具の収納も、なかなか難しい。シンクの下に入るものはさておき、あぶれた鍋やらボウルやらで台所がいっぱいになっている。それでも何とかまとまって見えるのは、選んでいるものに一貫性があるからではないかと思う。

台所道具は、極力シンプルなものが好きだ。本体と取っ手が一体になっているようなもので、取っ手が焼け焦げてしまったりしないものがいい。接合部分が多く、異なる素材を組み合わせてつくっているものは、壊れやすく感じる。以前、大切にしていた銅製のミルクパンの取っ手が根元から取れてしまった時は、残念でならなかった。

包丁も一体型のものが好きだ。気づけば8本もの包丁を持っているが、一番よく使うのはグローバル社の「皮むき」。用途は野菜の皮むきという

アルミの小ボウル

サーモス社の
シャトルシェフ

器にもなるすり鉢

10年ものの中華鍋

ことなのだが、これで肉を切り魚も下ろしてしまう。小さな包丁だけれど、私の手の大きさに馴染むので使いやすい。研ぎ続けて刃がだいぶ短くなってしまった。

シンプルなつくりのものは、見た目にも美しいものが多いように感じる。多少高くても、道具はいいものを買ったほうが、育ててゆく楽しみもある。時々、外出先でテフロンのフライパンを使ったりすると、その使いやすさに驚いてしまう。私はなぜ大変な思いまでして、鉄製フライパンにこだわっているんだろう……と考えた時に出た答えは、単なる気持ちの問題だった。ただ美しい道具でつくっていたい、という思いだけ。きっと、美しいデザインのテフロンに出会ったら、案外あっさりと乗りかえてしまうのかもしれないなあ、なんて思ったりしないでもない。

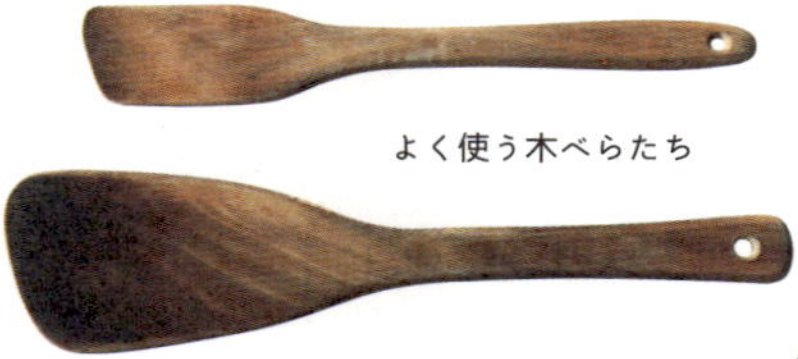

よく使う木べらたち

ソースパンにも使う
計量カップ

ストウブ社の鍋

ステンレスのおたま

何にしても、私が一番大切に思っているのは、自分の気分。どんな気分で料理をつくれるかが大切なのだ。木べらも何種類か持っているけれど、料理をしながら、この料理にはこの木べらを使いたい、という私なりのルールがある。どんなルールかと聞かれると、その場にならないとわからない、としか答えられないのだが、料理しているその瞬間に問われれば理由はちゃんとあるのだ。

置き場に困るものとして、保存食の存在がある。今の家に引っ越した時に譲り受けた、古い大きな棚のおかげでだいぶ収納が楽になったものの、実はまだ満足のいく保管場所ではない。いろいろな梅仕事の置き場所には、階段を利用している。埃をかぶりやすいという欠点はあるものの、風通しがよく、熟成させるのに向いているように思う。毎日階段を

まめちしき●金時豆　ポークビーンズなどによく使われる。赤インゲン豆とも呼ばれる。

上り下りする際に様子を覗けて、忘れることもない。本当はもっと静かな、温度変化の少ないところで見守りたいものだが、仕方がない。
ものを納める場所を考えるのは、なかなか頭を使うものだ。まだまだものが散乱している我が家をきちんと納める能力が身につけば、他のことにも役に立ちそうだ、などと思いながら、新たなる収納方法を日々、考えている。

家の間取り

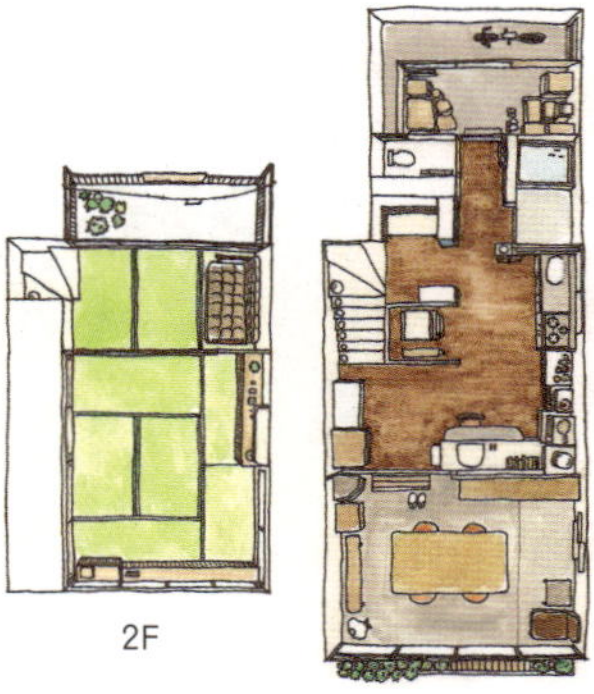

我が家の鳥たち

鳥好きですか？　とよく聞かれる。
大好き！　というほどでも……と思っていたけれど、
気がつけば世界中で鳥を選んでいる自分がいた。

10年ほど前、初めてのフランス旅で訪れたパリの骨董屋にて一目惚れし、購入。どこのものかは不明。

相当昔に「好きそうだから……」と友人がくれた木製のペンギン。やっぱり昔から鳥好きだった?!

幸運を呼ぶといわれている「バルセロスの鶏」は、テラコッタ製のポルトガルの伝統工芸品。

いつの頃からあるのかさっぱり忘れてしまったぬいぐるみ。何となく、いつも台所にいる感じ。

全長約10cmの鳥の形の巾着袋。九州の伝統品「輪さげ」を参考に、一時期よくつくっていたもの。

何とも魅惑的な表情をしている。木と金属でできていて、インドの布に押すハンコと思われる。

数年前に常滑の雑貨屋で発見。足と羽の部分が金属でできていて、右頁の左上の鳥とよく似ている。

玄関灯の下にいる守り神。「ガラクトーイ」という何とも不思議な物体で作家・森貴義さんの作品。

2度目のフランス旅にて、田舎の骨董屋で購入。鴨の置物と思われる。金属製で重みがある。

起き上がりこぼしになっている鳥。石見銀山が世界遺産になる前、町にあるアーティストの店で購入。

陶芸家・石原稔久さんの作品。絶妙な色合いと羽ばたきがいい感じ。箸置きにも使えるよう。

これも「ガラクトーイ」。鳥なのか何なのか……きっと見る人によって違うものに見えるだろう存在。

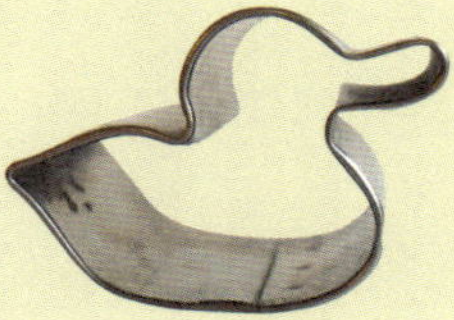

アヒルのクッキー型。キッシュを焼く時に、余ったパイ生地を型抜きし、周囲にあしらったりする。

クリスマスの時期にキラキラした東京の雑貨屋で購入。アンティーク風の仕上がりがなかなかよい。

11

布のかけら

服づくり中心の生活をしていた頃から今まで、たくさんの布に触れてきた。パターンをひき、シーチング（仮縫い用の布）を組立て、1枚の布を洋服に仕上げてゆく。裁断すると、1枚の布が、洋服になる部分と捨てられる部分にわかれてゆく。

当たり前に捨てていることが気になり出したのは、染色作家の友人と共に服をつくりはじめてからだった。なんとも素晴らしい布を生み出す彼女との服づくりの中で、量産的な布ばかりに触れていた時にはなかった感覚が生まれた。

かけらさえもなんて美しいんだろう、そう思った。もったいないという気持ちよりも、布に対する尊敬のような思いがいっぱいだった。

布のかけらたちをつなぎ合わせて1枚の布をつくる。コラージュしながら、新たな命を吹き込んでゆく。一度失いかけた命を取り戻したかけらたちは、独特な雰囲気を醸し出すようになる。部屋を彩るタペストリーになり、カーテンになり、鍋つかみになり、暮らしの中にしっとりと根づいていく。破れたらつぎをあて、布だって育ってゆくことを実感する。

小さな布切れの愛おしさを教えてくれた友人はもう、いない。本当に心のこもった大切なもの、その思いに触れた時、人はたくさんのことを思い、感じ、そして気づくことができるんだろう。

ある時、
たまった糸くずが
とても美しく見えた。

我が家で使う手づくりの布小物のひとつに、珈琲フィルターがある。
　円錐形のドリッパーを愛用しているのだけれど、円錐の紙製フィルターは売っているところが少なく、切らしてしまうことがストレスだった。ある時、ネルドリップがあるのだし、と、とりあえず家にある布でフィルターをつくってみた。晒にはじまり、いろんな綿の布でつくり方を試しながら、自分の好みの味に落とせる布製のフィルターを完成させた。
　こうして、我が家の手づくりものの定番は増えてゆくのだった。

布製珈琲フィルターの変化。下から新品、約３ヶ月使用後、数年使用後。使うごとに布目が詰まってくる。使いはじめはお湯がスルスル抜けて物足りなく感じるが、使うごとに美味しい珈琲が落ちるように。

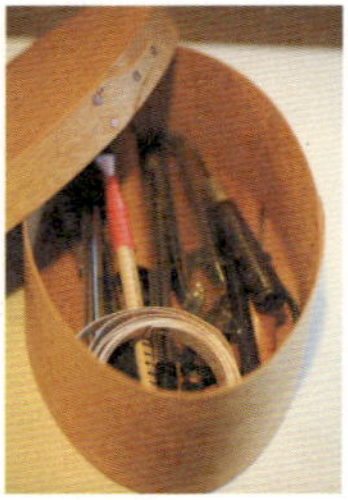

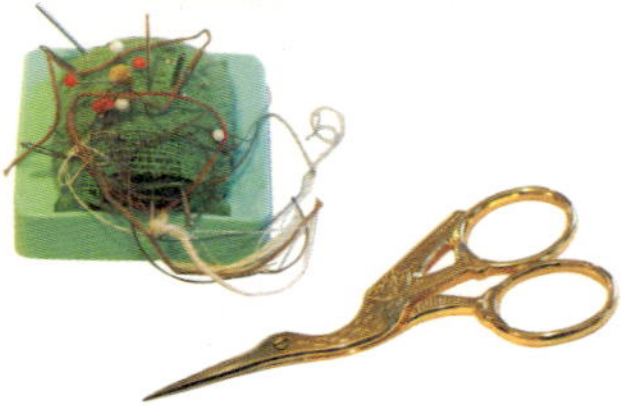

細かい道具はシェーカーボックスに入れている。針刺しは、なんと中学校の頃から使っているもの。愛用している鳥モチーフの糸切りバサミ。

糸くずワッペン

縫いものを集中して行う時には、糸くずがたくさん出るので1ヶ所にためるようにしている。ある時、そのたまった糸くずがとても美しく見えた。そもそも布というものは、糸の集合体なわけで、糸くずだって布になりえるんじゃないのかな、と。

　とりあえず、糸くずを丸めてアイロンをかけてみた。それを丸く切った布の上にのせてミシンで固定したら、水玉になった。糸くずの水玉は、いろんな色が混ざり合って、なんとも愛らしい。それからというもの、糸くずは捨てずにためておくようになった。

　何かが生まれる時、偶然の発見によることも多い。今まで気づかなかったことも、ふとしたことから気づくことがある。日々の暮らしの中、そんな発見を探してみるのも、なかなか楽しいものだ。

 まめちしき●貝豆 美しい色と模様が目をひく。いつももったいなくてなかなか使えない。

12

お直しのこころ

いつの頃からか、お直しを仕事として受けるようになった。はじめは自分の洋服をただ直していただけだったように思う。長いこと服づくりをしていたので、洋服の構造や布の扱いには慣れていたし、頼まれればいいですよ、と受けていた。

そうこうするうちに、いろんな方から依頼を受け、取材をされるようになった。特に気にしていなかったのだけれど、肩書きというものが必要になった時「リメイカー」という名前をつけることにした。リメイカーという言葉は造語なのだけれど、町のお直し屋さんでは受けないようなものも私のできる限りの技術で直せたら、という思いからつけたものだった。

直すという行為はとても興味深い。一からつくるよりも大変なことも多く、仕事で受けた場合、決して安くはない見積もりになることもある。それでも直したいと依頼された服たちは、たとえボロボロであってもどことなく誇らしげな気がするのだ。正直にいうと、何もそこまでして直さなくても……といったものにも幾度となく出会った。気が遠くなるようなお直し箇所を一つひとつていねいに直してゆく。再生したそれらを前に達成感やら満足感で心が満ちる。そして命を吹き返した服たちが、ますます輝いて見えるのだ。

直して、直して、使い続けたいと

布だって育ってゆく。私のできる限りの技術で直せたら。

いうその人の想いが詰まった服やものたち。ものの溢れる時代だからこその価値観なのかもしれない。ただものを大切にすることとはまた違った想いが込められているような。自分のまわりにそんな愛着のあるものが増えるほど、しあわせも増えてゆくような気がする。

　直すという行為は、たくさんの愛の形なのだと、お直しをしながらつくづく、しみじみと思う。

まめちしき●虎豆　皮がとても柔らかく、煮豆にするととろけるような食感に。

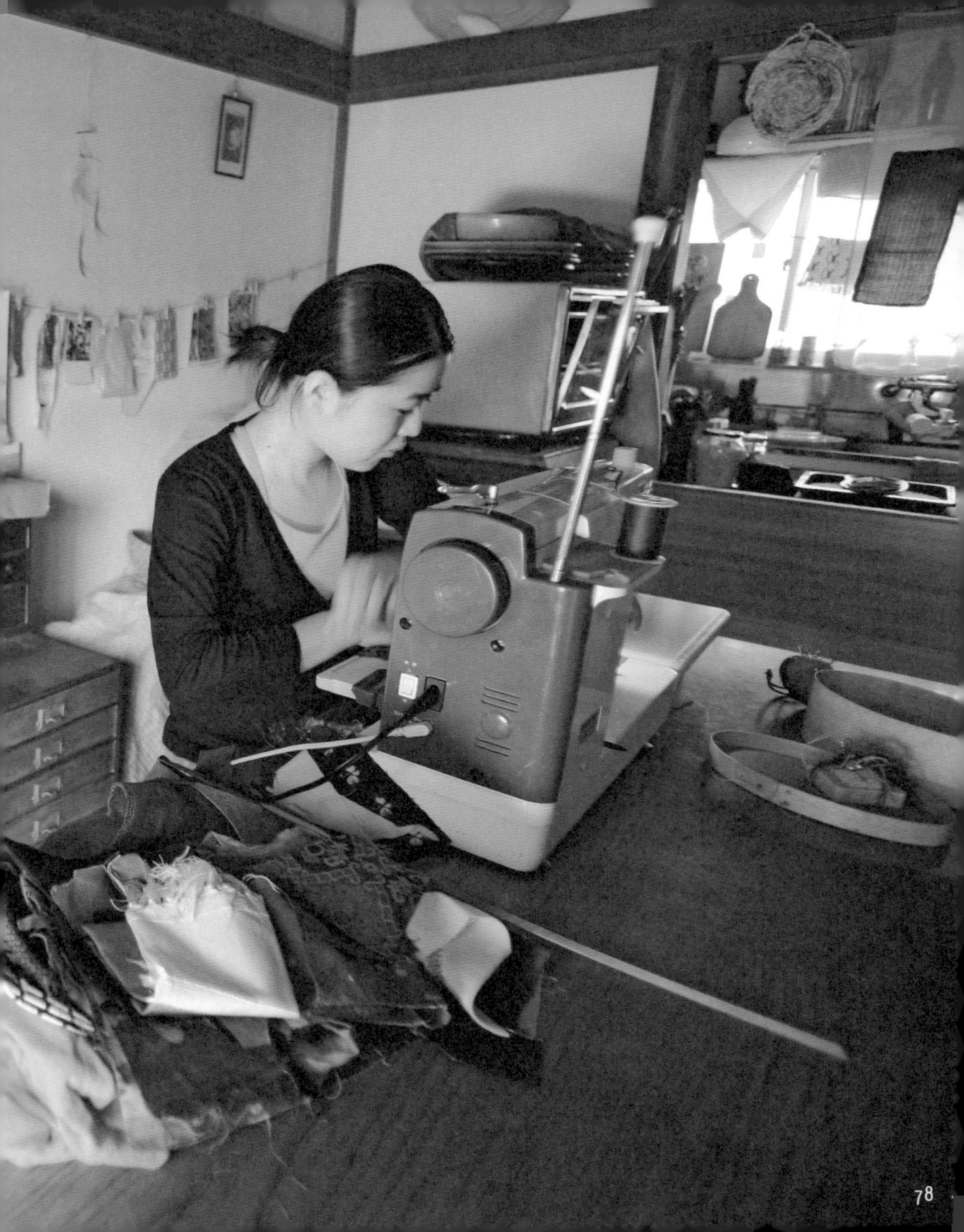

9AR
ESMOD
SMOD JAPON

13

石けんひとつ

手づくり石けんとお付き合いするようになって数年が過ぎ、今では1年にだいたい2回、春と秋の石けんづくりが恒例になった。

石けんはよく乾燥させることが重要なので、梅雨の時期は避けたほうがよい。長く置いて乾燥させればさせるほど使い心地のよい石けんになるので、一度に大量に仕込むのもいいと思う。

そもそも石けんをつくるようになったきっかけは、お風呂場に並ぶプラスチック容器だった。シャンプーにリンス、クレンジングに洗顔、ボディソープにお風呂洗い……たくさんの容器を前に、果たしてこんなに必要なんだろうか、と思ってしまったのだ。見た目にも美しくないその容器たちが気になって仕方なかった。

その昔、ひどいアレルギー性鼻炎に悩まされ、食と暮らしを大きく見つめ直したことがあった。その中で石けんにも目が向いていたのだけれど、なかなか手を出せずにいた。今となってはなぜそんなに躊躇したのかも忘れてしまったが、本当に石けんひとつで大丈夫なのだろうか……という曖昧な不安が強かったのかもしれない。

そしてある時、友人がつくったという石けんをひとつ、いただいた。和紙に包まれた堂々と大きいその石けんが、手づくり石けんとの初めての出会いだった。

手づくり石けんで初めて顔を洗った時、初めて髪を洗った時の、何とも言えぬ気持ちよさは今でも忘れられない。さっぱりしつつも、しっとりとした膜が皮膚を包んでくれるような安心感。それからというもの、髪も顔も体も石けんひとつ。パックやリンスには、モロッコの泥「ガスール」や椿油を愛用するようになった。湯船も石けんで洗うようになり、我が家のお風呂場はおかげですっきりとした。

こうして、自分の気持ちよさを探しながら、少しずつ暮らしがシンプルになり、ひとつずつ暮らしの手づくりが増えていく。

日本エステル社のアロマオイル。このオイルに出会ってからアロマオイルの素晴らしさを知った。リラックスタイムの必需品。贅沢に石けんに入れたりもする。香りを楽しむ以外にも、目からウロコの使い方があり驚く。

まめちしき●緑豆　小豆の親戚。もやしになったり、春雨の原料にもなる。

14

草花のある暮らし

小庭のある家から引っ越しをしてから数年が経った。土と緑の匂いが恋しくて鉢植えを集めていたら、我が家の軒先はまるで花屋のようになってしまった。ところ狭しと並んだ植物たち。今、その一つひとつが、小さな喜びになっている。

鉢植えに水をあげながら、植物の生長を観察する。大地がなくたって、与えられた鉢の中ですくすくと育ってゆく。時に花を摘み取り、花瓶に生ける。庭があってもなくても私のやることは変わらないなあ、なんて思いながら、家の中にも草花を持ち込んで楽しんでいる。

土間には小さな盆栽を飾る。近所の山野草屋さんで素敵な山野草が手に入るようになり、割れた器を接いで鉢に使ってみたら、愛らしい盆栽ができあがった。ずっと捨てられずに気がかりだった器たちも蘇り、何とも喜ばしい気分になる。お茶碗の中からひょろりと伸びる山野草。それぞれの時期が来ると、ほんの小さな花を咲かせる。控えめながら、とても個性的な形ばかりで、山野草の魅力は尽きることがない。

縁側と小庭のあるアパートに住んでいた頃、小庭を眺めながらどこに何を植えようかと考えるのが至福の時だった。お日さまを浴びながら土に触れていると、本当に心が和らいだ。そのとき初めて、本当に自分の愛する時間が何なのかを実感したよ

Coca-Cola

うに思う。土と緑と太陽の力は偉大だ。春のおとずれと共に、小さな蕾が花を咲かせ、冬眠していた球根は目を覚ます。太陽の光を浴びてきらきらと輝く新緑に見とれ、平和を思う。

植物への「ありがとう」が、日々を暮らすことへの感謝の気持ちへとつながってゆく。つい、忘れそうな感謝の心を、植物たちが教えてくれているような気がする。

使わなくなった器は穴を開けて山野草の鉢に使う。器の中を土で満たして逆さにし、釘をあててトンカチでたたくと穴が開く。

まめちしき●青えんどう豆　さやえんどう、グリーンピース、と若いうちもよく食べられている。

15

しあわせモビール

仕事の手を止め、ふと見つめるその先で、ゆらゆらと旅の想い出が揺れている。

ふわっと。ほんの小さな空気の流れを受け止めたモビールは、じわりじわりと向きを変え、ゆらりゆらりと、まるで自分の意志で動いているかのような動きで、その場の時間の流れを変えてしまう。

旅に出ると、自然の落としものを少しだけ、いただいて帰る。海でも、山でも、街でも。足もとにはとても魅力的な素材が落ちていて、わくわくしてしまう。ひとつとして同じ形ではない自然の美しさに、はっとさせられる。時にそれは、珊瑚のかけらであったり、木の実であったり、枝や葉っぱだったりもする。そんな小さな拾いものたちを、ある時つないでみたらどうだろう……と思った。案の定、そこにはしあわせの時間が生まれた。ゆらゆらと揺れるたび、旅の想い出が蘇って来る。あの旅の素晴らしい空気感さえ感じられるような、平和で満ち足りた気持ち。

不安定と安定が共存した形。ルールがあるようでいて、とても自由。どんな形にだってなれるモビールって、何とも哲学的だ。

暮らしの中、こうして、小さなしあわせをひとつずつ、少しずつ増やしてゆけばいい。気がつけば、そこはきっと、たくさんの「嬉しい」に囲まれているはずだから。

じわりじわり、
ゆらりゆらりと
おもむくままに。

私のモビールづくりの道具は裁縫道具とほとんど同じで、特別なものは蜜蠟くらい。とりあえず何でもあるもので挑戦が基本なので、まずは使えそうな道具を探してみる。
糸に蜜蠟を塗ることで、強度と粘着性を持たせる。張りも出て、自然素材のモビールづくりに適した扱いやすい糸になる。それを松ぼっくりなどに括りつけ、パーツをつくってゆく。パーツができたら木の枝などの両端に括りつけ、指でバランスのとれる1点を見つけることを繰り返してゆけば、モビールのできあがり。

太めのミシン糸に蜜蠟を塗って張りのある糸をつくる。蜜蠟以外は裁縫の道具で代用できる。

 まめちしき・レンズ豆 小ぶりで浸水させなくても煮えるので、すぐ使いたい時に便利。

16

やわらかな光

初めて「光」を意識したのは、いつだったろうか。ピカピカの蛍光灯の時代に育った私が、初めて白熱灯の美しさにはっとしたのは、友人宅の6畳一間の古アパートにひとつ、ぽつんと低めに吊された、大きな裸電球だった。とても存在感のある温かな光を、ただ美しいと思った。

それ以来、引っ越した先々で設置されていた照明を取り外し、自分のものと交換するようになった。光を替えるだけで、部屋の表情はぐんと豊かに変化した。

今、我が家にはたくさんの照明がある。改めて数えてみたら、大きなものから小さなものまで全部で20個近くもあり、我が家のことながら驚いてしまった。その、あちらこちらに置かれた光がつくり出す雰囲気は、たまらなくよいのである。

光によって影が生まれ、影によって光の美しさは倍増する。ピカピカの蛍光灯に魅力を感じないのは（今は白熱タイプの蛍光灯の存在が嬉しいけれど）雰囲気のある「影」を生み出さず、すべてを照らしてしまうからなのだろう。光と影、両方の存在があって、初めて心地好い空間が生まれるのだなあ、と。何気ない暮らしの中に、世の中のあり方が現れているようで、何だか面白い。

ぼんやりと、オレンジ色の光に囲まれながら、穏やかでやわらかな、そんな気分を日々、楽しんでいる。

そこに
待っている人がいる
という喜び。

右列上から、昔、古い電気屋で購入した一番お気に入りのシェード。大きなジョウゴを逆さにした土間の照明。クリップ式のランプに古いアルミの笠をのせて自作。土間の時計下には電球を。スペース球という細長い電球。古い透明のガラス製のシェード。玄関灯の下にはアイビーを飾って。なぜか台所で使用したくなるシェード。トイレには派手な照明を。

 まめちしき●ひよこ豆 ガルバンゾとも呼ばれる。香ばしい香りとコクがあり、美味。

暗闇にぽっと「暖か色」の光が現れると、何だかほっとする。フランスの街灯はすべて「暖か色」だった。日本の街灯は、なぜにあんなにも煌々と照らすのだろうか。電車の中からよく見るマンションの外灯に「暖か色」が使われていることも多いが、あれを見るとほわっとした気持ちになる。オレンジ色の光はいいものだ。

人の家に遊びに行く時、温かな光が外にもれていると、それだけで何だか歓迎されているような、嬉しい気分になることもある。光があるということは、そこに待っている人がいるという喜びがあるのだろうか。

多くの時間を家で過ごす私にとって、日々の暮らしの中で我が家を遠目から見る機会はあまりない。人の待つ、「暖か色」の家がこんなにも心地好く見えるものなのかと、この写真を見て改めて実感してしまった。

つれづれ綴り

「縫いもの」から「食べもの」へ。

高校生の頃、誕生日にミシンを買ってもらった。進学先に服飾専門学校を選び、3年間みっちり服づくりを学んだ。思えば人生の中で一番勉強した時期だったと思う。

毎日毎日、線（パターン＝洋服の型紙）と向かい合い、布を触った。平面から立体をつくる、立体から平面をつくる。パターンをひいて、シーチング（仮縫い用の布）で形をつくり上げてゆくことが、楽しくて仕方がなかった。人がその立体（服）に入った時、体は動かしやすいか、着やすい服をつくるには何が重要なのか、布の歪みはどこから発生して、どこをどうしたら直るのか……本当にたくさんの技術を学んだ。

卒業後、企業に就職するも早々に退社し、自分の思う服づくりを目指すようになった。染色作家のデザイナーと組み、何年か2人で服づくりをしたこともあった。デザイナーのデザインを形にしていく作業は、何とも楽しいことだった。個展を行い、時にファッションショーをし、搬入、製造、販売、すべてを自

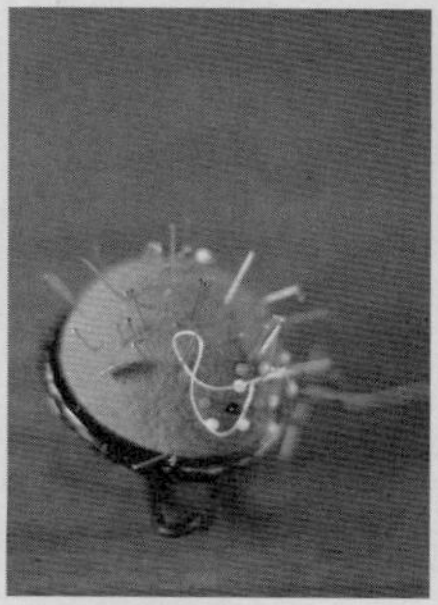

分たちの手で行った。その時にひいたパターン、縫製した服の数々のおかげで、布のことをさらに知るようになった。今はもう滅多にパターンの仕事はしないけれど、たまに服づくりの機会があると、やっぱり楽しくて仕方がない。手が喜んでいるのがわかるのだ。

服づくりを続けることをやめたのには、いくつか理由があるのだけれど、最も大きな原因は服づくりの裁断縫製の際に出るほこりから、ひどいアレルギー性鼻炎になってしまったことだった。薬を飲み続けていたのだが、薬は慣れてくると効かなくなり、次々と強いものに変わってゆく。ある時、ふと薬を飲み続ける生活に疑問を持ち、アレルギーのことをいろいろと調べはじめた。

その中で出会ったのが「マクロビオティック」だった。そこから私なりの食の探求がはじまったように思う。いろんな本を読み、いろんな料理を試作した。雑穀や豆に興味を持ちはじめたのもその頃だった。もともとが食いしん坊の自分が満足するような美味しいマクロビ料理をつくるには、非常に手間がかかったけれど、手間をかければかけるほど、確実に美味しいものができあがった。

アレルギー治療のために数ヶ月の間、玄米菜食も実践した。その時は、肉、卵、珈琲、乳製品、砂糖も完全に摂らなかった

が、非常に充実した食生活を送っていたように思う。ケーキなどもよく焼いていた。卵も砂糖も乳製品もなくたって美味しいケーキが焼けることも、その時に初めて知った。砂糖を使わない時期には、たくさんの素材の「甘み」を感じた。小麦粉、玄米、雑穀、豆、穀物やナッツ類。甘味料には、てんさい糖、ハチミツ、メープルシロップ、米飴、ドライフルーツ……本当にたくさんの種類があるということ。砂糖のダイレクトな甘さとは違う、奥深い甘みを知った。まるで実験のように素材を利用したのも楽しかったことを覚えている。

玄米を食べ続けていた時期に疲れにくくなり、体が毒出しをしているのを感じた。実際に体が食べものによって変わることを実感し、自分の中に確信のようなものが芽生えた。今ではもう、マクロビオティックは完全にやめてしまったけれど、その時の経験と知識は私の宝物になっている。

その後、アレルギーは完全に治ったわけではないが、前ほど薬を飲まずとも共存できるようになった。薬を絶対に飲まないぞと心に決めたこともあったが、そこまで頑固になっても仕方ない。あまりに辛い時は、ほどほどに薬に頼ったほうが心も体も楽になる。体が弱ったおかげで、自分の体の声を聞くようになった。そして、食の世界が広がった。もしもアレルギーになっていなかったら、人生は変わっていたのかもしれないなあ、

なんて。時に病気に感謝することもあるのだろうと思う。

そういうわけで、今の自分ができあがった。すべてはつながっていて、無駄なことなど何もないのだと思う。私は何かひとつを極める人生を選ばなかったけれど、自分らしい生き方こそ重要なのだと思っている。暮らすことのしあわせ、日常の些細な出来事に感動できるよう、「日々、まめまめしく」。

これからも、食べものと縫いものを通して、私にできる限りの提案をしてゆこうと思っている。

場所のはなし。

今の住まいには土間があり、暮らしの教室や企画展などを行うアトリエとなっている。「暮らしの提案」をしていこうと決め、自分の身の丈でできる限りのことをと考えていたら、そうなった。自分の暮らす家とつながった場所でこそ、じんわり伝わってゆくものがあるのではないかと思った。そもそも、ギャラリーや店を持ちたかったわけではなく、発信するための自分の場所がほしかっただけなのだ。暮らしの空間と共にあることで、普通の店にはない、安心と緊張の混ざり合ったような雰囲

気が生まれていればいいと思う。

アトリエで行うことは、私の暮らしにかかわるものや人とのつながりでと決めている。私が心地好いと思うもの、実際に暮らしの中で使ったり、飾ったりしているものたち。そのどれもが心を楽しませてくれる。そういったものが、それぞれの家でおのおのの喜びになってゆけばいい。暮らしの中にただ「それ」があるだけで、嬉しい気持ちになることだってあると思う。

花を飾ることと同じように、お気に入りの絵や版画を飾ればいい。洋服や靴を身につけるように、美しい暮らしの道具を使えばいい。見るたびに平穏を与えてくれる絵や版画、毎回使うたびに心に喜びをくれる器やカトラリー。暮らしの中にほんわりとしあわせな空気が生まれれば、それはその人自身の魅力に変わってゆくのではないかと思う。もちろんお洒落も楽しいことだけれど、化粧品や装飾品で自分を飾り立てるより、ずっと魅力的になれる方法のような気がする。

自分視点のお買いもの。

買いものについて、考えてみる。私は自分の心が嬉しい、楽しいと思うものについてはお金を惜しまないようだ。ティッシュペーパーが50円安い！　といっては店をはしごするくせに、お気に入りの高級調味料はさらっと買ったりしてしまう。外食をする時も、何となく美味しいではなく、ちゃんと満足できるところにしか行かないように思う。

洋服などを買う時は、デザインを気に入るかはもちろん、それがどうやってつくられたのか、どのくらいの手間がかかっているのか、縫製の仕方はどうか、素材は長持ちしそうか……自分なりにわかる範囲で考えてしばし判断、脳みそはフル回転だ。その結果、金額が高くても脳みそがオッケーを出せば購入となる。なまじ洋服の構造を知っているだけに、服に関しては純粋に買いものができないのかもしれないなあ……とも思う。その反面、器やカトラリーに関しては、ああだこうだと自分に言い訳を考えながら、ほしいと思った感覚で買ってしまう。とはいえ、お目当ての作家さんの個展などでは、いいものがたくさん。結局、脳みそフル回転で、買うべきものを吟味する。買いものの後に、何だかとても疲れていることが多いのは、脳みそフル回転のせいなのかもしれない。

買いものの仕方は、安いか高いかの両極端なことが多い。間に合わせで何かを買うということは滅多にない。安いものでもただ安いから買うわけではなく、そこに価値を見つけたから。

おかげで後悔することは、ほとんどなくなった。買いものに関しては、自分の心に妥協しないということが大切なんじゃないかと思う。自分の心に正直に。「まあ、いっか。」という判断はしないこと。常に自分の視点を大切にしていると、いいものが寄ってきてくれるような気さえする。

愛しの島根。

島根の山奥、石見銀山の近くに母の実家がある。周囲は田んぼと山ばかり。海からも少し離れているので、本当に緑濃く、山深い。子どもの頃からたびたび訪れていたけれど、こんなにもこの場所が好きになるとは、思っていなかった。いつの頃からか、島根は私にとって、とても大切な場所になった。

5月に訪れる島根が一番好きだ。いきいきと輝く新緑が美しく、芽生えの時の力強いエネルギーでいっぱいだ。春に生まれた子羊が裏山を走り回っている。のどかだなあなんて、たまに遊びに行く程度の私は思うが、田舎暮らしをしたことのない人にとって、実際に暮らすことは容易なことではないのかもしれない、と思う。

80歳をとうに過ぎた祖父母は、まだまだ元気に暮らしている。祖父母の暮らしを見ていると、自分が「まめまめしい」と言うなんて、おこがましいのかもしれない、と思ってしまう。本当に働き者だ。じっとしていられない性分なのかもしれない。おばあちゃんの育てる草花や植木、大量の盆栽を見ては、ああ、私はこの人の孫なんだなあ、とつくづく思ったりもする。

看護師だった祖母は、仕事を引退するまでずっと兼業農家を続けてきた。祖父は何でもつくってしまう人。あまりにもいろんな仕事をするものだから「おじいちゃんの本業は何？」と、聞いたことがある。「全部趣味だ。」と言われ、脱帽してしまった。おそらく冗談のつもりで言ったのだろうけれど、どこまで本気でどこまで冗談なのかわからないところがある人だ。若い頃、村で初めて酪農を導入し、その後、土木関係の会社を設立。引退後は羊を飼ったり（裏山の雑草対策のためだったらしい）、西条柿のモデル園をつくってみたりと、何が何だかよくわからない。とにかく新しいことをはじめるのが好きなようだ。祖母は祖母で、羊がいるならと羊毛を刈り取り、糸を紡ぎ、セーターなんかを編んでくれた。年をとって「仕事」が「趣味」という名前に変わっただけで、祖父母はきっと体が動けなくなるまで働き続けるんだろうなと思う。大好きな祖父母、いつまでも元気でいてほしいと願うばかりだ。

この本に出てきた料理のレシピ

うずら豆と鶏レバーのパテ（P16）

〈材料〉
・うずら豆（茹でたもの）…200cc
・鶏レバー…250g
・タマネギ…80g
・ニンジン…100g
・ニンニク…小1片分
・アーモンド…15g
・バター…40g
・ポートワイン…40cc
・塩…小さじ1/4～
・醤油…小さじ1～
・オリーブオイル…適量
・月桂樹の葉…1枚
・スパイス
　クローブパウダー…指先ひとつまみ
　ナツメグパウダー…指先ひとつまみ
　シナモンパウダー…指先ふたつまみ

〈つくり方〉

1 鶏レバーはざっくり切り、水の中でていねいにふり洗いし血抜きする。臭みが気になる時は、その後ひたひたの牛乳（記載外）に30分ほど浸す。

2 タマネギ、ニンジン、ニンニクをみじん切りにする。

3 フライパンにオイルとニンニク、月桂樹の葉を入れて中火にかけ、ニンニクの香りがしてきたら、鶏レバーを加え、軽く焼き色をつける。これにポートワインを加え、アルコール分が飛んだら、レバーを取り出す。

4 別のフライパンで、タマネギとニンジンをしんなりするまで炒め、タマネギが軽く色づいてきたら、火を弱めてさらに15分ほどじっくり炒める。これに3のレバーとうずら豆、アーモンド、塩、スパイスを入れて火を通し醤油を加える。味をみて、塩、醤油で調節する。月桂樹の葉を取り出す。

5 4の粗熱がとれたら、バターと合わせてフードプロセッサーにかけてなめらかにし、瓶などに詰めて、冷蔵庫で冷やし固める。

◎アドバイス
保存は冷蔵庫で1週間ほど。長期保存したい時は冷凍がおすすめ。ポートワインが風味のポイント。風味は違ってくるが、ブランデーやウイスキーに変えてもよい。

味噌（P16）

〈材料〉
・大豆（乾燥）…1kg
・米麹…1kg
・塩…500g

〈つくり方〉

1 大豆をよく洗って鍋に入れ、大豆の3～4倍の水にひと晩ほど浸しておく。しっかり戻ったら強火にかけ、沸騰したら弱火にして、あくを取りながら、指で潰れるくらいの柔らかさになるまで茹でる。

2 麹と塩350gをしっかり混ざり合うようにすり合わせる。

3 茹で上がった大豆をすり鉢やフードプロセッサーなどで熱いうちに潰す。茹で汁を500ccほど取り分けておく。

4 2と3を合わせて、茹で汁を200ccほど加え、よく混ぜる。少し固めくらいでいいが、しっとり感が足りなければ、少しずつ茹で汁を足す。

5 4をこぶし大に丸め、空気が入らないよう、容器の底に押しつけながら詰める。最後に、残りの塩150gを表面に敷きつめて蓋をする。

6 風通しのよい場所で熟成させる。6ヶ月くらい経ったら様子をみる。表面にカビが出ているようなら取り除き、全体をよく混ぜ合わせる。味噌っぽい味になっていたらできあがり。

◎アドバイス
1kgの大豆は4Lの容量まで増えるので、くれぐれも大きな容器で。半年ほどで食べられるけれど、1年越しの味噌がおすすめ。

鞍掛豆の酢漬け（P16）

〈材料〉
- 鞍掛豆（乾燥）…100g
- 酢…200cc
- 砂糖…大さじ3
- 塩…小さじ1/2
- クコの実…大さじ1

〈つくり方〉

1 豆はシワがなくなるまで5時間以上浸水させ、水を切る。鍋にたっぷりの水と豆を入れて強火にかけ、沸騰したら弱火にして、あくを取りながら20分ほど茹でる。ひと粒食べてみて生臭くなければ茹であがりなので、水を切る。

2 酢を鍋に入れて軽く温め、砂糖と塩を入れて溶かしておく。

3 1の豆とクコの実を2に入れ、空き瓶などに入れて保存する。

◎アドバイス
暑くない時期なら常温でも保存できる。冷蔵庫に入れておけば、3ヶ月は持つ。翌日から美味しく食べられるが、長く漬けるとより深みのある味わいに。

豆ジャム（P17）

〈材料〉
・大手亡豆（白インゲン豆、乾燥）…100g
・水…250cc
・牛乳…300cc
・アーモンドプードル…20g
・砂糖…30g
・ハチミツ…50g

〈つくり方〉

1 豆はシワがなくなるまで8時間以上浸水（分量外）させ、水を切る。鍋に豆と水を入れて中火にかける。沸騰したら弱火にして、あくを取りながら、水分がほぼなくなるまで煮る。

2 1に牛乳を入れ中火にし、沸騰したら少し火を弱め、豆を潰すようにしながら煮る。水分がなくなってきたら、砂糖とアーモンドプードルを加え、2～3分火を通す。焦げないように注意。

3 火を止めてハチミツを加え、よく混ぜる。

◎アドバイス
保存は必ず冷蔵庫で。あまり日持ちしないので長期保存したい時は冷凍がおすすめ。

豆ジャムブラウニー（P17）

〈材料・直径18cmの円形〉
・豆ジャム…220g
・ホワイトチョコレート…150g
・バター…60g
・卵…2個
・薄力粉…60g
・ベーキングパウダー…小さじ1/4
・ラム酒…大さじ2
・レーズン…大さじ2
・スライスアーモンド…30～50g（好みで）

〈つくり方〉

1 レーズンを粗く刻み、ラム酒と合わせ、1時間くらい置く。ホワイトチョコレートとバターをボウルに入れ、湯煎にかけてしっかり溶かし、粗熱をとる。

2 オーブンを160℃に温めておく。薄力粉とベーキングパウダーを合わせて、ふるいにかけておく。

3 別のボウルに卵を入れてよく溶き、豆ジャムと1を加えてよく混ぜ合わせ、スライスアーモンドを加えて、軽く混ぜ合わせる。

4 3に2を入れて、切るように混ぜ合わせ、型に流し込む。160℃のオーブンで20～30分焼く。竹串を刺して、ねっとりとしたものが付いてこなければ焼き上がり。冷蔵庫など涼しい場所で寝かせる。翌日以降が美味しい。

◎アドバイス
ラム酒が苦手な場合、牛乳に替えてつくってもよい。マーマレードなどを大さじ2くらい加えても美味しい。3日くらい置いたものが一番美味しく感じる。

梅干し（P20）

〈材料〉
・梅…1kg
・塩…150～200g

〈つくり方〉

1 梅はよく洗い、一つひとつていねいにふきんで水分を拭き、竹串でへたを取り除く。

2 ひと粒ずつ塩をまぶして瓶に詰める。この時、へたの部分に塩をすり込むようにし、その部分が上になるよう並べるとよい。

3 おとし蓋をして梅の２倍くらいの重さの重しを乗せ、梅酢が上がってきたら、重しの重量を半分くらいに減らす。

◎アドバイス
梅は黄色くなった完熟梅を選ぶと風味がよい。1kgからでもつくれるけれど、2kg以上で漬けるのがおすすめ。

梅びしお（P21・P35）

〈材料〉
・梅干し…150g
（一緒に漬け込んだ紫蘇と合わせて150gでもいい）
・日本酒…100cc
・味醂…100cc
・砂糖…100g

〈つくり方〉

1 梅干しは種を取り除き、ミキサーにかける（すり鉢ですりつぶしてもよい）。

2 鍋に日本酒と味醂を入れ、強めの中火にかけ、アルコール分を飛ばし、焦げないように注意しながら、とろみがつく程度に水分を飛ばす。

3 ２に砂糖を加えてさらに煮詰め、１を加えて、すくってぽたりと落ちるまで練り上げる。飛びはねて火傷しやすいので、蓋を使って防御するなど注意する。

◎アドバイス
冷めると固くなるので、火から下ろす見極めが肝心。煮詰めるほど保存はきくが、固くなり、使いにくい。固くなってしまった場合は水や煮切った日本酒でのばして使うとよい。梅干しは塩のみでつくられたものを使うこと。

◎じゃがいもの梅びしお和え〈P21〉
梅びしおとマヨネーズを1：1.5～2の分量でよく混ぜ合わせたら、茹でて粗く潰したじゃがいもと和える。冷めるまで置いておくと味が馴染んで美味しい。
このソースは別の使い方もできる。

see P114

梅酒（P21）

〈材料〉
- 青梅…1kg
- 焼酎…1000cc
- 氷砂糖…0.7～1kg（好みで）

〈つくり方〉

1 梅は洗って、竹串でへたを取り、ふきんで水分を拭き取る。

2 保存瓶に氷砂糖→梅の順に交互に入れ、最後に焼酎を加え、冷暗所で保存する。たまに瓶を揺するとよい。約3ヶ月後から飲めるが、1年ほど置いたほうがコクがでる。

◎アドバイス
焼酎をホワイトリカーに替えても美味しくできるが、こだわりの焼酎やブランデーなどでつくると楽しい。砂糖も氷砂糖でなくてもつくれる。その場合は砂糖が溶けるまでこまめに揺するとよい。

砂糖煮（P21）

〈材料〉
- 青梅…1kg
- 砂糖…1kg

〈つくり方〉

1 ホウロウなどの鍋に、竹串でへたを取った梅と砂糖を加え、弱火でひたすらゆっくり煮る。水を入れないので焦げやすく、また、混ぜると梅が煮くずれするので注意する。梅が透明に煮えたらできあがり。

2 保存瓶などで保存する。

◎アドバイス
砂糖煮には青梅がおすすめ。梅を一度冷凍してからつくると失敗が少ない。梅と砂糖を合わせてしばらく置いて水分を出してから煮てもよい。

◎梅ジュース　〈P21〉
シロップはソーダやお湯で割ってジュースに。梅をひと粒入れて潰しながら飲んでもよい。梅の実はヨーグルトなどと合わせて、ジャムのように食べても。

ハチミツ漬け梅シロップ（P21）

〈材料〉
・梅…1kg
・ハチミツ…2kg

〈つくり方〉

1 梅は洗って竹串でへたを取り、ふきんで水分を拭き取る。

2 梅を保存瓶に入れ、ハチミツを注ぎ入れる。

3 梅のエキスが出るまでは、毎日梅の上下を入れ替えるように瓶を揺すったり、混ぜたりする。全体に梅がしわしわになって、沈んできたらできあがり。ソーダやお湯で割ってジュースに。

◎アドバイス
ハチミツ漬けには完熟梅がおすすめ。瓶を揺するのを怠ると表面の梅にカビが発生するので注意。真夏にそのまま放置しておくと発酵することがあるので、梅のエキスが出切ったら涼しいところ（冷蔵庫など）に置いたほうがよい。発酵した場合、熱を加えれば発酵は止まるが、フレッシュさがなくなくなってしまう。シワシワになった梅の実は、そのままずっとシロップに入れておくと、少し戻ってカリカリ梅のようになることがある。

鶏手羽とネギの煮込み（P24）

〈材料・2人分＋
ラーメンまたはミネストローネ用〉 for カオスレシピ
・鶏手羽
（手羽先、手羽中、手羽元を
好みで組み合わせて）…800g
・長ネギ…4本
・日本酒…400cc
・塩…適量

〈つくり方〉

1 長ネギの2本の白い部分は5cmほどのぶつ切りにし、そのほかはすべて斜め薄切りにする。

2 鍋に長ネギの2/3量を入れ、その上に鶏手羽を敷きつめ、残りの長ネギを上にのせる。

3 2に日本酒を入れて強火にかけ、沸騰したら弱火で2時間くらい煮込む。

4 出汁の甘みを引き出すために、ほんのり味が付くくらいの塩を加える。

◎アドバイス
食べる時に各自で、塩、ゴマ油やネギ油（P115参照）をかけたり、ポン酢や香酢などでいただくと美味しい。日本酒がない場合は、水で煮ても美味しくできる。

あさりとポークの蒸し煮（P26）

〈材料・2人分＋ピラフ用〉 for カオスレシピ
- あさり…300g
- 豚ヒレ肉…200g
- タマネギ…1個
- ニンニク…1片
- ミニトマト…10個
- 白ワイン…100cc
- 水…100cc
- 塩、胡椒…適量
- オリーブオイル…適量
- イタリアンパセリ…少々

〈つくり方〉

1 あさりは殻をよく洗い、ひたひたの塩水につけて砂抜きする。豚ヒレ肉は食べやすい大きさ（1.5cm幅くらいの棒状）に切り、白ワイン大さじ1（分量外）をかけ、塩、胡椒を振り揉み込んでおく。

2 タマネギは薄くスライスし、ニンニクはみじん切りに、イタリアンパセリは粗く刻む。

3 鍋にオリーブオイルとニンニクを入れ中火にかける。ニンニクの香りが立ったらタマネギを加え、透き通るくらいまで炒める。

4 3に豚ヒレ肉を加え、全体に肉の色が変わるまでしっかり火を通す。

5 白ワインを加えて強火にし、アルコール分を飛ばしたら、水、あさり、ミニトマトを加え、蓋をしてあさりに火を通す（強火で一気に火を通すのがポイント。あさりに火が通ると、殻の口が空いて、パカパカと音がする。火を通しすぎると身が固くなるので注意）。

6 スープの味をみて、足りないようなら塩、胡椒で味をととのえる。食べる直前にイタリアンパセリを散らす。

◎アドバイス
豚ヒレ肉をモモやロースにしても。白ワインを日本酒に替えると和風な味に。3で、タイムを加えると香り豊かに。

天然酵母チャパティ（P30）

〈材料・約15～20枚分〉
- 国産小麦粉（あれば全粒粉）…500g
- 発芽玄米酵母の上澄み液（または水）…250cc～
- 糖分（砂糖、ハチミツなど）…大さじ1
- 塩…小さじ1/4

＜つくり方＞

1 材料すべてをボウルに入れ、その中で滑らかになるまで15～20分ほどよく捏ねる。粉の種類によって水分量は変わるので、自分の捏ねやすい固さになるまで水分を足しながら捏ねる。水分を加えすぎてしまった時は、適当に粉を足せばよい。

2 表面が乾かないように、1に濡れふきんをかけ、ぴったり蓋をして2時間以上寝かせる。できるだけ温かい場所がよい。

3 のばすための台（キャンバス地や板など）を用意し、打ち粉（分量外）を振る。2の生地を取り出し、15～20等分に分けて丸める。丸めた生地が乾かないように濡れふきんをかけておく。

4 3のひとつを取り出し、打ち粉をしながら、麺棒で円形に薄くのばす（厚さは好みで）。強火で熱した鉄鍋で片面ずつ、一気に焼く（油は使わない）。鉄鍋に付着した打ち粉は、そのままにしておくと焦げるため、1回ごとに拭き取る。火傷に注意を。

5 焼けたら保温と乾燥防止のため、重ねて布などに包んでおく。

◎アドバイス
小麦粉は国産の良質なものを選んで。中力粉がおすすめだが、強力粉と薄力粉を混ぜて使ってもよい。寝る前に捏ねて、ひと晩寝かせて翌日焼くと、生地が熟成し、美味しくなる。すぐに焼けない時は冷蔵保存できるが、2日以内には焼くようにする。その場合は室温に戻してから焼く。できれば一気に焼いて、冷凍したほうが便利。火で炙り直せば焼きたての味に近くなる。粉の1割ほどをきな粉やきび粉にしても美味しい。

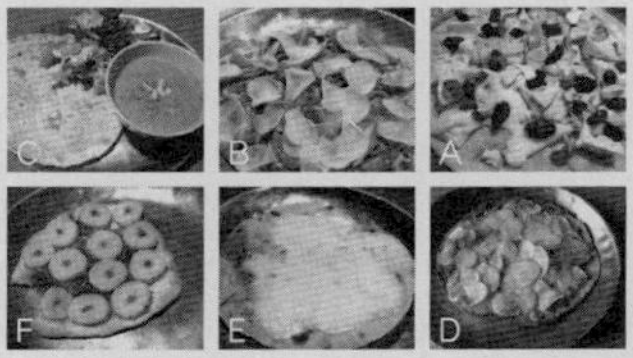

◎チャパティのアレンジ （P31）
材料をのせた後は、すべてトースターでカリッとするまで焼く。
A. パヴェやカマンベールチーズなどの白カビチーズとレーズンやナッツをのせて焼く。
B. バジルペーストやトマトソースを薄く塗り、ピーマン、じゃがいも、タマネギなどのスライサーで薄切りした野菜、小さく切ったトマトをのせて焼く。ポイントは野菜を薄く切ること。
C. 豆のスープに添えて。浸して食べると美味しい。
D. グュリエールチーズと薄切りじゃがいもをのせて焼く。
E. ブリーチーズのみをのせて焼く。シンプルだけれど、とても美味しい。
F. チョコとバナナの輪切りをのせて焼く。デザート仕立てに。

発芽玄米酵母（P31）

<材料>
・玄米…1/2カップ（100cc）
・水（浄水器を通したもの）…500cc
・ハチミツ…100cc

<つくり方>

1 平らな容器に玄米を入れ、ひたひたの水（分量外）を注ぎ、軽く蓋をし、暗くして発芽させる（呼吸できるように密閉しない）。毎日水を替え、芽が2〜5㎜伸びるまで育てる。

2 水を切った1とハチミツをフードプロセッサーにかけ、分量の水を加える。透明な瓶に入れ、軽く蓋をして日向など温かいところで発酵させる。ポコポコと気泡が出てくればできあがり。

◎アドバイス
使わない時は冷蔵庫へ入れておけば大丈夫。使う前に温める。元気がなくなったら、一度上澄み液を捨てて新鮮な水と糖分を加え、再発酵させる。発芽と発酵にかかる時間は、季節（気温）によって変わるので、毎日よく見てチェックすること。発酵臭と腐敗臭はまったく違う臭いがする。腐敗しないように注意。

焼きなすの梅びしおマリネ（P34）

〈材料〉
・なす…5本
・梅びしお…80cc see P109
・手づくりマヨネーズ…120～160cc see P115

〈つくり方〉

1 トースターまたはオーブン、コンロなどでなすを丸ごと焼く。

2 なすを焼いている間に、梅びしおとマヨネーズをよく混ぜ合わせておく（梅びしおとマヨネーズが1：1.5～2の分量になればよい。梅びしおの濃さによってマヨネーズの量で調整する）。

3 なすに焦げ目が付いてしっかり焼けたら（箸で挟んでしんなりするくらい）、粗熱がとれるまで、蓋つきの容器内でしばらく蒸らすと皮がむきやすくなる。冷めたらへたを切り落とし、皮をむいて縦に裂き、食べやすい大きさに切る。

4 容器に2の1/2量を塗り、3を敷き詰め、その上を2の1/2量で覆うように塗る。ラップでぴったりと蓋をして、冷蔵庫で1時間以上寝かせる。

◎アドバイス
ひと晩以上寝かせたほうが、より美味しくなる。このソースは野菜のディップやポテトサラダの味つけなどに使っても美味しいので、多めにつくって保存するとよい。手づくりマヨネーズを梅びしおと混ぜておくと、マヨネーズ単品よりも保存性が高まるので、つくりすぎてしまった時に便利。

パプリカペースト（P35）

〈材料〉
・赤パプリカ…2個
・タマネギ…小1個
・ニンニク…1片
・トマト…1個
・塩…小さじ1/2
・赤ワインビネガー…小さじ2
・オリーブオイル…適量

〈つくり方〉

1 タマネギとニンニクはみじん切り、トマトはざく切りにする。

2 パプリカは丸ごとトースター（または200℃くらいに温めたオーブン）に入れ、焦げ目が付いてくったりするまで返しながらまんべんなく焼き、そのまま冷ます。へたと種を取り除き、皮をむいて約0.7cm幅の千切りにする。へたを取る時に出るパプリカのジュースも捨てずにとっておく。

3 フライパンにオリーブオイルとニンニクを入れ中火にかける。ニンニクの香りが立ったらタマネギ、パプリカ、塩を加え、全体がもったりとするくらいまでしっかり炒め、トマトと2のパプリカジュースを加え、さらに煮詰める。

4 最後に赤ワインビネガーを加え、水分を飛ばして仕上げる。

◎アドバイス
ディップにしたり、調味料としてピラフの味つけなどに使う。

かえし（P35）

〈材料〉
・醤油…200cc
・味醂…200cc
・砂糖…大さじ1
・鰹節…5g
・昆布（5〜10cm）…1枚

〈つくり方〉
1 鍋に味醂を入れて中火にかけ、アルコール分を飛ばす。

2 1に醤油、砂糖を加え、沸騰直前で火を止め、粗熱をとる。

3 空き瓶に鰹節、昆布を入れ、2を注いで保存する。

◎アドバイス
常温で保存ができる。味醂風調味料「味の母」（味の一醸造）でつくるのが塩山家流。めんつゆ、納豆だれ、ポン酢などに。

ネギ油（P35）

〈材料〉
・長ネギの白い部分…1本
・油（太白ゴマ油、
　グレープシードオイル、
　サラダ油など）…適量

〈つくり方〉
1 斜め薄切りにした長ネギを小振りな鍋に入れて、ひたひたくらいの油を注ぐ。

2 1を中火にかけ、途中混ぜながら、香ばしい色（薄茶色）が付くまで熱する。焦がさないように注意。焦げてきたネギがあれば先に取り出す。

3 ネギのみ先に取り出して保存瓶に入れ、油の粗熱がとれたら、油もネギを入れた瓶に注ぐ。

◎アドバイス
長ネギの切り方を揃えると火の通り具合が均一になる。油はあまりくせのない良質のものを選ぶ。冷や奴やラーメンに。

マヨネーズ（P35）

〈材料〉
・卵黄…1個（室温に戻しておく）
・酢…小さじ1
・マスタード…小さじ1
・塩…小さじ1/4
・油（太白ゴマ油、
　グレープシードオイル、
　サラダ油など）…100cc

〈つくり方〉
1 ボウルに油以外の材料を入れ、よく混ぜ合わせる。

2 油を少しずつ加えながら、分離しないようによく混ぜ合わせる。

◎アドバイス
油はあまりくせのない、良質のものを選ぶ。エキストラバージンオリーブオイルなどは苦くなるので、不向き。材料の温度がポイントで、全体の材料の温度が均一であれば、冷たくても失敗はない。温度差があると分離してしまう。

他のものと混ぜることを前提にしているため、このレシピの味つけは薄め。単品で使用する場合は、塩の分量を増やすとよい。また、ハチミツを少々加えると風味豊かになる。

カモミールティー（P37）

〈材料〉
・カモミールの花…適量

〈つくり方〉
1 カモミールの花を摘んでよく洗う。

2 沸騰したお湯を注いで、香りが出るまで待つ。

◎アドバイス
摘みたてのカモミールで。朝摘みは特に香りがよい。よく洗い乾燥させて保存すれば、長い間楽しめる。

野草茶（P39）

〈材料〉
・島根県産の野草茶ブレンド
（クマザサ、柿の葉、桑の葉、藤の葉、スギナ、ヨモギ、マタタビの葉、甘茶づる、ドクダミ）…半掴みくらい
・水…1000cc

〈つくり方〉
1 鍋や土瓶に水と野草茶を入れ、強火にかけ沸騰したら中弱火で10～15分くらい煮出す。

◎アドバイス
火を止めてからしばらくそのままにしておくとよい（さらに抽出される）。温かいままでも冷たくしても美味しい。

ミント水（P39）

〈材料〉
・ミント（生）…1枝
（葉が5～6枚のもの）
・水…450cc

〈つくり方〉
1 500mLのペットボトルなどに洗ったミントと水を入れて、冷凍庫で凍らせる。氷が溶ける間にミントの香りが出る。

◎アドバイス
真夏の外出に、凍ったままのペットボトルを持って行くと気分も爽やか。

チャイ（P39）

〈材料〉
・紅茶…ティースプーン山盛り３杯ほど
（CTC 製法などミルクティー用の
細かいもの）
・牛乳…300 〜 500cc
・砂糖…適量（好みで）
・生姜（スライス）…4 枚
・スパイス
シナモン…1本
カルダモン…4 粒
クローブ…4 個
黒粒胡椒…5 粒
・水…約 500cc

〈つくり方〉
1 小鍋に水とスパイスすべてと生姜を入れ、中火にかける。沸騰したら中弱火にして、水が 100cc くらいになるまで煮詰めたら火を止め、紅茶の茶葉を加える。

2 1 に牛乳を加え、中弱火で沸騰直前まで温めて濾し、砂糖を加える。牛乳の量はお好みで。

◎アドバイス
スパイスを煮出す間、いい香りが漂う。砂糖は好みだが、チャイには砂糖を加えたほうがより美味しい。きび砂糖を使うとよりまろやかになる。

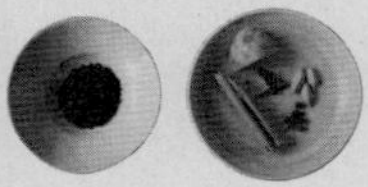

いちじくジャム（P42）

〈材料〉
・いちじく…1 パック
・レモン汁…1/2 〜 1 個分（好みで）
・砂糖…
いちじくの重量の 30 〜 50%（好みで）

〈つくり方〉
1 ホウロウなどの鍋に粗く刻んだいちじくと砂糖を加えて、中火にかける。

2 沸騰したら弱火にし、アクを取り除きながらとろっとするまで煮詰める。

3 レモン汁を加え、味見をして砂糖の量を好みの味に調整する。

4 熱いまま瓶に詰める。

◎アドバイス
レモン汁を入れると発色がよくなり、酸味も加わって美味しい。まだゆるいかな、というくらいの濃度で火を止めると綺麗な色にできあがる。いろんな果物も同じつくり方でジャムになる。たくさん手に入った時にはぜひお試しを。

おわりに

10年以上も前のことになるけれど、当時服づくりを共にしていたパートナーに「塩ぴょん（そう呼ばれていた）って、本当にまめまめしいね。豆も好きだし。」と、言われた。「まめまめしい」なんて耳慣れない言葉だなあ……と思ったけれど、「そうか、確かにまめまめしいというのかな」と思ったことは今でも忘れない。それが自分自身を自覚した原点だったように思う。彼女は、もうこの世にはいないけれど、もし今ここにいたのなら、この本の出版をどんなふうに言ってくれただろうか……そんなことを思いながら、元気に暮らせていることだけで、感謝すべきことなんだろう、と考える。

今までの、たくさんの経験を通して、やっと自分の生き方を信じられるようになった。この先、自分が一体どんなふうに進んでゆくのかわからないけれど、きっとこれからも「自分らしい生き方」を曲げるようなことはしないのだろうと思う。

この本の出版にあたり、大変お世話になりました関係者の皆さま方へ厚く御礼申し上げます。山下さんはじめ『チルチンびと』編集部の皆さま、本誌の連載でずっとお世話になっている新居田さん、営業を頑張ってくださった船見さん、東さん。単行本化にあたり、根気よく編集を続けてくださった峯田さん。本当に素敵なデザインに仕上げてくださった鈴木さん。そして、毎回楽しくイカした写真を撮ってくださった野寺さん。また、どこへ向かってゆくのかわからない私をいつも見守ってくれた父と母、そして親族たち。親愛なる友人たち。愛すべきたくさんの人たちのおかげで、自分がここに在れることのしあわせを思います。

最後に、この本を手に取ってくれた皆さまへ感謝申し上げます。この本が、どこかの誰かの心の栄養になれば、幸いです。最後まで読んでくださり、ありがとうございました。

二〇一〇年 六月

塩山奈央

チルチンびとの本 ❹

日々、まめまめしく。

2010年6月12日　初版第1刷発行

著者 ——— 塩山奈央

発行者 ——— 山下武秀

発行所 ——— 風土社
〒101-0064　東京都千代田区猿楽町
1-2-2 日貿ビル2F
電話　03-5281-9538［編集］
03-5281-9537［営業］

写真 ——— 野寺治孝（P66〜67、P105を除く）
木内 海（P8〜9、P21、P101〜103）

デザイン ——— 鈴木佳代子

編集 ——— 峯田亜季／新居田真美／江成佳世

編集協力 ——— 森清耕一／上田雅司

営業 ——— 東 希美

印刷・製本 ——— 東京印書館

ISBN978-4-86390-004-2　C2077

風土社ホームページ　http://www.fudosha.com/

塩山奈央

しおやま なお
食べもの・縫いものを通して心地好い暮らしを提案している。元パタンナーでリメイカー。豆と発酵を愛する料理家でもある。自宅アトリエ「まめわざ」主宰。ワークショップや展覧会など活動の詳細はブログにてどうぞ。
http://mameoiseau.blog62.fc2.com/